Stefan Meetschen

Auf den Spuren von Johannes Paul II. in Polen

Ein illustrierter Reiseführer

Für Anna

1. Auflage 2011

Hauptstraße 22
D-88353 Kisslegg
www.fe-medien.de
Fotos: © Stefan Meetschen
Flughafenfoto (Seite 59): Mit freundlicher Genehmigung des Internationalen Johannes Paul II. Flughafens Krakau (Kraków Airport)
Gestaltung: Sibylle Emmerling
Druck: Orthdruk, Bialystok
ISBN: 978-3-86357-007-1

Printed in EU

INHALT/STATIONEN UND STÄDTE

Vorwort

Pilgern ist die kostbarste Weise zu reisen. Das habe ich erstmals 1979 erfahren. Im Herbst zuvor war Johannes Paul II. gewählt worden. Wegen ihm hatten wir danach vom Heiligtum der Schwarzen Madonna auf dem Weißen Berg erfahren, Polens Kraftzentrum, das der Welt diese Ausnahmeerscheinung auf dem Stuhl Petri geschenkt hatte. Irgendjemand hatte mir eine Postkarte mit dem Bild der Madonna geschenkt. Ich pitschte sie mit einer Nadel in der Küche an die Wand und im Sommer 1979 war klar: Da müssen wir hin! Durch den eisernen Vorhang! Unser VW war so rostig, wie ihn kein DDR-Grenzer aus dem kapitalistischen Ausland je gesehen hatte. Wir aber staunten noch mehr, in Breslau, Krakau, Tschenstochau, mit Jakob und Maria, unseren jüngsten Kindern, (drei Jahre der eine, sieben Monate die Kleine) bis wir – endlich am Ziel – vor der Ikone in die Knie gingen. „Das ist ein lebendiges Bild!" flüsterte ich meiner Frau zu. So etwas hatten wir noch nie erlebt.
Die Sehnsucht nach dieser Erfahrung hat mich wohl nie mehr verlassen – und auch nicht die Hand der Muttergottes, die mich danach auf immer neue Pilgerreisen und Abenteuer gezogen, geschoben und behütet hat. An andere Reisen mögen wir schon lange gar nicht mehr denken. Jede war anders, alle waren wundervoll, und eins war fast überall gleich: Johannes Paul II. war überall vor uns da. Er war vor uns in Guadalupe in Spanien und in Guadalupe in Mexiko. Er war vor und doch mit mir überall in Polen, als ich das Land im Sommer 1991 noch einmal besuchte. Er war vor uns in Santiago. Er war vor uns in Lourdes, in Fatima, in Auschwitz, ja sogar in Kevelaer und Altötting (das für uns so lange doch nur ein Katzensprung entfernt lag). Er war uns überall voraus. Er war der Pilger schlechthin – mit immer neuen Grenzen, die er überwand. Er reihte die Pilgerorte hintereinander wie Perlen auf einen Rosenkranz. Nur in Jerusalem kam ich ihm im Jahr 2000 um wenige Tage und Wochen zuvor – und in Manoppello, als er die Kraft nicht mehr hatte, mir zu folgen. Doch das hat sein Nachfolger rasch nachgeholt. Und jetzt ist er uns allen ganz und gar voraus: im himmlischen Jerusalem. Er hat es irgendwie einfach gemacht, in den Himmel zu pilgern. Man muss ihm nur nachgehen. Deshalb freue ich mich, dass Stefan Meetschen mit diesem Buch den deutschen Leser dorthin führt, wo auch meine globalen Pilger-Reisen vor über 30 Jahren begannen: In Polen.
Viel hat sich seitdem getan, wie die Bilder zeigen. Auch im Vergleich zu 1991! Manches kenne ich hier kaum wieder, was damals dem Verfall so nahe war. Die Polen restaurieren, pflegen und kultivieren das Erbe und

die Erinnerung an Johannes Paul II. an jedem Ort. Hier ist Johannes Paul der Große auch vor seiner Seligsprechung schon überall lebendig geblieben. Wie das Bild der Madonna von Tschenstochau. Wer sich deshalb nun mit diesem neuen Reiseführer auf den Weg nach Polen macht, wird den Herzschlag dieses Papstes dort sogar noch deutlicher hören, an dessen Rosenkranz sich ganze Völker festhalten können. Auf dieser Reise wird er diesem Herzschlag mit seinen polnischen Unter- und Obertönen lauschen können! Denn das Herz Johannes Paul II. gehört ja immer noch ganz seiner Heimat, wie Meetschen mit feinen Beobachtungen belegt. Dafür lässt er den lebendigen und „geliebten Vorgänger“ Benedikt XVI. immer wieder selbst zu Wort kommen. Unsere polnischen Freunde werden ihm dafür dankbar sein und wir Deutschen als Pilgerlehrlinge dürfen es auch. Es lohnt sich heute mehr denn je, auf den Spuren von Johannes Paul II. durch Polen zu ziehen und dort eine ganz neue Welt zu entdecken – wie ich mit meiner Frau, Jakob und Maria im fernen Herbst 1979.

Paul Badde,
Rom, 12. März 2011

Einführung

Jede Nation lebt von den großen Persönlichkeiten, die sie hervorgebracht hat. Auf dem Feld der Kultur, der Politik, der Wirtschaft oder des Sports. Dabei scheinen die Zeiten und Jahrhunderte keine Rolle zu spielen. Wer heute nach Großbritannien reist, der spürt auch inmitten der modernen Gebäude und Geschehnisse, das irgendwann einmal ein William Shakespeare, ein Winston Churchill oder die Beatles in diesen Städten und Landstrichen gewirkt haben, dass ihre Worte und Leistungen bis heute die Kultur und das Lebensgefühl des Landes und der dort lebenden Menschen prägen. In Deutschland, Frankreich, Italien und Spanien ist es nicht anders: Ob Johann Sebastian Bach, Johann Wolfgang Goethe oder Thomas Mann, ob Voltaire, Moliere oder Napoleon, ob Dante, Antonio Vivaldi oder Gianni Agnelli, ob Miguel de Cervantes, Francisco de Goya oder Pablo Picasso – große Persönlichkeiten geben ihren Heimatländern ein unverwechselbares Gesicht. Sie sind Wegweiser der Kultur für Generationen. Zuhause in ihren Herkunftsländern, aber auch grenzübergreifend für Besucher aus anderen Ländern und Kulturkreisen.

Das gilt schließlich auch für Polen, diesem bewegten, osteuropäischen Land, das mit Nikolaus Kopernikus und Fryderyk Chopin auf dem Gebiet der Wissenschaft und der Musik schon vor langer Zeit große und bedeutende Gestalten hervorgebracht hat. Im 20. Jahrhundert, dem vielleicht dunkelsten der polnischen Geschichte, folgten weitere große Gestalten: Marschall Józef Piłsudski und Arbeiterführer Lech Wałęsa. Unangefochten die wichtigste polnische Persönlichkeit des 20. Jahrhunderts und wohl für alle Zukunft ist jedoch eine andere Gestalt, wie zahlreiche nationale Umfragen in Polen belegen. Karol Wojtyła, der erste polnische Papst, dessen globale Popularität und Wirkkraft nicht nur durch die Hilfsmittel des Medienzeitalters in neue, unbekannte Dimensionen stieg. Karol Wojtyła, Papst Johannes Paul II., ein Jahrtausendpapst, ein universal gebildeter Philosoph und Künstler, dessen wesentlicher Zug jedoch sein persönliches Charisma, seine natürliche Ausstrahlung, sein authentisches Naturell war. Ein Naturell, das Humor und Ernsthaftigkeit, Spontanität und Hartnäckigkeit, Bildung und Bodenhaftung in faszinierender Weise verband, wobei er selbst nie einen Hehl daraus machte, wo seine Wurzeln waren, was ihn und seinen Charakter so entscheidend geprägt hat: seine Heimat – Polen. Ein Land, in welchem Patriotismus und Spiritualität immer noch in einer Weise verwoben sind, wie wahrscheinlich nirgendwo sonst auf der Welt. Denn: In der schmerzhaften Geschichte der Nation war der Katholizismus stets identitätsstiftend. Auch der weltoffene Papst betete täglich die Litaneien der polnischen Nation.

So gewinnbringend, nützlich und nötig es deshalb auch zweifellos ist, die Schriften von Johannes Paul II. zu lesen, seien es die philosophischen Texte wie „Liebe und Verantwortung“, „Person und Tat“ oder die vielen Enzykliken und Apostolischen Schreiben, die Bücher „Geschenk und Geheimnis“, „Auf, lasst uns gehen“, „Erinnerung und Identität“ - wenn man die Person des Papstes Johannes Pauls II. wirklich verstehen will, so muss man selbst sehen und erleben, wo er herkommt. Wo er geboren ist, wo er aufwuchs, wo er studierte, seine Berufung zum Priester empfing und später lehrte und als Erzbischof und Kardinal wirkte.

Man muss sich also auf die heimatlichen Spuren dieser Jahrhundertgestalt machen. Auf nach Polen – zu den verschiedenen, wesentlichen Stationen und Städten seines Wirkens. Offen und aufmerksam, am besten ohne vorgefasste Meinungen und Erwartungen. Wenn man dies tut, wird man nicht nur mit neuen Kenntnissen und Erkenntnissen beschenkt werden, es ist vielleicht auch möglich, dass dieser große Papst, der das Reisen und speziell das Wandern in den Bergen so sehr liebte, einen dabei spirituell beschenkt und weitergeht mit einem – auch über Polen hinaus.

Im folgenden Buch habe ich mich deshalb auf die wesentlichen polnischen Stätten seines Lebens und Wirkens, die wesentlichen spirituellen Einflussorte Polens beschränkt. Wobei gerade die normalen, alltäglichen Gebäude, wie zum Beispiel Wohnhäuser und Schulen, einen ganz besonderen Reiz der Begegnung mit Johannes Paul II. ausüben. Erkennt man daran doch: Dieser Mann kannte das Leben und die Wirklichkeit nicht nur theoretisch und denkerisch, sondern authentisch – aus eigener, direkter Erfahrung.
Die Reihenfolge der in diesem Buch vorgeschlagenen Städte und Stationen ist mein Vorschlag. Sie hat sich im Laufe der vergangenen Jahre in Polen bei Führungen von Freunden und Kollegen aus Deutschland herauskristallisiert und bewährt.

So wünsche ich dem Leser, der sich mithilfe dieses Buches auf die Spuren von Karol Wojtyła, Papst Johannes Paul II., in Polen begibt, ein besonderes, bildendes und innerlich bewegendes Erlebnis. Auf, lasst uns gehen! Idziemy!

Wadowice

50 Kilometer südwestlich von Krakau entfernt liegt Wadowice. Ein kleines beschauliches Städtchen mit ca. 20.000 Einwohnern, das man am besten mit dem Zug oder dem eigenen PKW erreicht. Ein hügeliger Weg, denn Wadowice befindet sich zu Füßen der kleinen Beskiden, einer Gebirgskette des Karpatenvorlandes. Wadowice ist Teil der Wojewodschaft Kleinpolen (Małopolskie).

Hauptanziehungspunkt von Wadowice ist seit vielen Jahren das Elternhaus von Karol Józef Wojtyła, der hier am 18. Mai 1920 als drittes Kind von Karol Wojtyła und Emilia Wojtyłowa in einer recht bescheidenen Wohnung der Kościelna Straße 7 (damals: Rynek Nr. 2) im 1. Stock geboren wurde.
Bereits 1984 wurde das Geburtshaus in ein kleines Museum umgewandelt. Es beherbergt viele Erinnerungen an die Familie Wojtyła: Einen Schrank, einen Tisch, einen Wäschekorb oder Familienbilder, aber auch persönliche Besitztümer und Dokumente des Heiligen Vaters finden sich hier, darunter Schulzeugnisse, Skier, ein Rucksack,

eine Mütze, ein Gebetbuch. Dazu sind Fotos von seinen drei Wadowice-Besuchen als Papst zu sehen.
Im Jahre 1919 zogen die Eltern des Papstes, Karol und Emilia Wojtyła, mit ihrem damals 13-jährigen Sohn Edmund in die Zweizimmerwohnung im ersten Stock des Hauses. Eine Schwester des Papstes starb gleich nach der Geburt. Sein Bruder Edmund machte das Abitur und studierte dann Medizin in Krakau. Er war Arzt und starb an Scharlach am 4. Dezember 1932 in Bielsko-Biała. Nach dem Tod seiner Mutter am 13. April 1929 wohnte Karol allein mit seinem Vater in einem Zimmer mit Küche. Das andere Zimmer blieb unbenutzt. 1938 verließ er mit seinem Vater Wadowice, um in Krakau Polonistik zu studieren. Die Mehrheit der Möbel wurde mitgenommen. Vieles in der ehemaligen Familien-Wohnung hat man später geändert: So wurde anstelle der bemalten Bretter ein Parkett als Fußboden gelegt. In einem Zimmer schlug man eine Balkontür durch, zwei Fenster wurden zugemauert und durch ein Neues ersetzt. Dennoch ist der Genius loci hier noch spürbar, aber auch die Enge, in der Karol Wojtyła aufwuchs, wenn er sich auch schon bald dank seiner zahlreichen Begabungen Freiheit verschaffte. Schließlich entwickelte er schon früh ein Interesse für das Theater und den Sport. Da Wadowice nicht nur bekannt, sondern eine Art Pilgerstätte geworden ist, sind längere Wartezeiten bei der Besichtigung des Papsthauses, das laut polnischem Museumsführer schon bald in ein multimediales Museum umgestaltet werden soll, keine Seltenheit.

Sonnenuhr an der Kirchenwand

Durch ein Fenster der Wohnung kann man auf die Sonnenuhr an der Kirchenmauer gegenüber blicken. Dort ist immer noch der Schriftzug „Czas ucieka, wieczność czeka“ („Die Zeit eilt, die Ewigkeit wartet“) zu lesen, der zu einem persönlichen Motto des jungen Karol und späteren Papstes wurde.

Stadtmuseum – ul. Kościelna 4

Wer Zeit und Lust hat, sollte einen Abstecher in das gegenüberliegende Stadtmuseum in der Kościelna Straße 4 machen. Hier gibt es nicht nur Informationen und Exponate zur über 700-jährigen Stadtgeschichte Wadowices, sondern es finden auch regelmäßig künstlerische Ausstellungen statt, die der Person des Papstes gewidmet sind.

CZAS UCIEKA WIECZNOŚĆ CZEKA

WYSTAWA
Wadowice Karola Wojtyły

Kleinere Basilika Mariä Opferung – Plac Jana Pawła II (Johannes-Paul-II.-Platz)

In unmittelbarer Nähe des Geburtshauses befindet sich am „Plac Jana Pawła II" (Johannes-Paul- II.-Platz) die Kleinere Basilika Mariä Opferung mit dem aus dem 15. Jahrhundert stammenden gotischen Presbyterium. In dieser Kirche wurde Karol Wojtyła getauft und gefirmt, hier war er Messdiener, hier beichtete er und betete regelmäßig vor dem Gnadenbild der „Muttergottes von der Immerwährenden Hilfe".

Taufbecken (in der Basilika)

Zu dem Taufbecken, das in der Taufkirche mit besonderer Verehrung bedacht wird, bekannte er bei seiner ersten Pilgerfahrt nach Polen im Jahr 1979: „An diesem Taufbrunnen bin ich am 20. Juni 1920 aus Gnade ein Kind Gottes geworden und habe zugleich den Glauben an meinen Erlöser empfangen. Diesen Taufbrunnen habe ich schon einmal feierlich geküsst im Jahr des Millenniums der Taufe Polens, als damaliger Erzbischof von Krakau. Dann küsste ich ihn ein weiteres Mal am 50. Jahrestag meiner Taufe, als ich Kardinal war, und heute habe ich ihn, aus Rom kommend, zum dritten Mal geküsst als Papst und Nachfolger Petri."

Natürlich ist es für junge polnische Familien etwas Besonderes, ihre Kinder in dieser Kirche taufen zu lassen, auch wenn die Wahrscheinlichkeit, dass sich daraufhin eine ähnliche geistliche Karriere wiederholt, relativ gering sein dürfte. Ein Kuss des Beckens ist dagegen einfacher.

Grundschule – Plac Jana Pawła II (Johannes-Paul-II.-Platz)

Am „Plac Jana Pawła II“ (Johannes-Paul-II.-Platz) befindet sich auch das Haus des Stadtrates. Vor dem Krieg war hier die Grundschule Wadowices untergebracht, die Karol besuchte und auf welcher er - wie auf dem ebenfalls nicht weit entfernten Gymnasium - mit sehr guten Leistungen auffiel und alle Mitschüler überragte. Auf einem Schild am Eingangsbereich kann man eine offizielle Erklärung des Stadtrates lesen, der christlichen Lehre des Heiligen Vaters stets treu zu bleiben.

Gymnasium – ul. Mickiewicza 16

Das Gymnasium ist heute ein Lyzeum und ausnahmsweise nicht nach Karol Wojtyła benannt, sondern nach einem anderen großen Sohn der Stadt, Marcin Wadowita, der als Dekan der berühmten Jagiellonen-Universität, die Wojtyła nach dem Abitur in Krakau besuchte, eine gewisse Unsterblichkeit erlangt hat. Seine Mitschüler erlebten Karol nicht nur als sehr guten Schüler, sondern auch als glänzenden Sportler und leidenschaftlichen Leser. Als der Fürsterzbischof von Krakau, Adam Stefan Sapieha, bei einem Pfarreibesuch in Wadowice erlebte, wie der Gymnasiast Wojtyła eine offenbar recht eindrucksvolle Begrüßungsansprache hielt, erkundigte er sich beim Religionslehrer nach den Studienwünschen des Jungen. „Polnische Philologie“, war die Antwort. „Schade, dass es nicht Theologie ist“, bemerkte der Bischof. Ein Beweis, dass Karol Wojtyła zu dieser Zeit mehr an der Literatur, vor allem am Drama, interessiert war. Wobei diese Leidenschaft durchaus früh spirituelle, religiöse Dimensionen einschloss. Wojtyłas Theater-Mentor, der Lehrer Mieczysław Kotlarczyk, förderte ein Theater des inneren oder „lebendigen“ Wortes. Ein Seelen- und Bewusstseinstheater ohne großes Spektakel. Das Wort, um das es ging, war das göttliche Wort.

Karmelitenkloster – ul. Karmelicka 22

„Außerdem gab es in Wadowice auf dem Hügel ein Karmelitenkloster, dessen Gründung bis in die Zeit des hl. Rafał Kalinowski zurückreichte. Die Bewohner von Wadowice besuchten es in großer Zahl, was sich in der Verbreitung und Verehrung des Skapuliers Unserer Lieben Frau vom Berge Karmel widerspiegelte. Auch ich habe es, ich glaube im Alter von zehn Jahren, erhalten und trage es noch immer. Auch zum Beichten ging man zu den Karmeliten.

Auf diese Weise bildete sich in mir die Verehrung Mariens sowohl in der Pfarrkirche wie in der Kirche des Karmel während der Jahre meiner Kindheit und meiner Jugend bis zur Reifeprüfung." (Johannes Paul II., *Geschenk und Geheimnis*, S. 36)

Konditorei – Plac Jana Pawła II

Eine neue Unsterblichkeit haben die Wadowicer Creme-Kuchen („Kremówka") gewonnen, auch wenn die Konditorei von Karol Hagenhuber, an die sich Johannes Paul II. bei seinem Wadowice-Besuch 1999 erinnerte und in welcher er samt Gefährten eben diesen Kuchen mit Leidenschaft verzehrte, nicht mehr existiert. In dem Gebäude ist heute eine deutsche Reinigung („Chemia niemiecka") untergebracht.

Dafür werden im Stadtzentrum Wadowices nahezu überall sonst „Papst-Cremekuchen" angeboten. Zusammen mit etwas Eierlikör, Äpfeln und einem Kaffee schmecken sie gar nicht schlecht, auch wenn sie durch die Bezeichnung fast schon den Status von religiösen Devotionalien angenommen haben. Wie so vieles oder fast alles in Wadowice, das man der Wahrheit zuliebe vielleicht doch eines Tages in Papst-, Karol-Wojtyła- oder Johannes-Paul-II.-Stadt umtaufen lassen sollte.

Kalwaria Zebrzydowska

Die Wallfahrtsstätte Kalwaria Zebrzydowska liegt auf dem Hügel Żarek und den Hängen des Lanckorona-Bergs. Dieser älteste Kavarienberg Polens liegt etwa 40 Kilometer südwestlich von Krakau und 15 Kilometer östlich von Wadowice. Kalwaria Zebrzydowska wurde von dem Krakauer Adeligen Mikołaj Zebrzydowski in Auftrag gegeben. Dieser ließ im Jahre 1600 auf dem Berg Żarek seine persönliche Vision des Jerusalemer Tempelbergs errichten: Mit einem Kloster der Franziskaner-Minoriten und einer Reihe von 44 Kapellen im barocken und manieristischen Stil. Das ganze Gelände ist der Passion Jesu und dem Leben der Hl. Jungfrau Maria gewidmet. Das Ensemble dieser Kapellen, die durch einen rund 8 Kilometer langen Rundweg miteinander verbunden sind, zählt heute zum Weltkulturerbe der UNESCO. Wenn man die Marienfrömmigkeit des Papstes verstehen will, muss man diesen Ort besuchen. Johannes Paul II. sagte selbst: „Seit meiner frühesten Kindheit war die Marienfrömmigkeit in mir stets an die christologische Dimension gebunden. Und diese Erziehung verdanke ich im Wesentlichen der Wallfahrtsstätte Kalwaria.“ (Johannes Paul II., *Die Schwelle der Hoffnung überschreiten,* S. 239)

Basilika von Kalwaria Zedrzydowska - ul. Bernardyńska 46

Ein wesentlicher Anziehungspunkt der Wallfahrtsstätte Kalwaria Zebrzydowska ist die barocke Basilika, die der Madonna der Engel geweiht ist. Dort erinnerte sich Papst Johannes Paul II. bei seiner letzten Polenreise im Jahre 2002 an frühere Besuche des Heiligtums: „Heute komme ich zu diesem Heiligtum als Pilger, so wie ich bereits als Kind und Jugendlicher hierherkam. Ich trete vor die Muttergottes von Kalwaria, so wie ich als Bischof von Krakau zu ihr kam, um ihr die Probleme der Erzdiözese und derjenigen, die Gott meiner pastoralen Sorge anvertraut hatte, anzuvertrauen. Ich komme hierher, und wie damals wiederhole ich: Sei gegrüßt! Sei gegrüßt, o Königin, Mutter der Barmherzigkeit!“ (Johannes Paul II., Predigt vom 19. August 2002)

Bild der allerseligsten Mutter

Bei dieser Predigt ging der Papst auch auf das in der Seitenkapelle der Basilika aufgestellte Bild der allerseligsten Mutter ein, das seit Jahrhunderten viele Pilger anzieht:
„Im Jahr 1641 wurde das Heiligtum von Kalwaria durch ein besonderes Geschenk bereichert. Die Vorsehung leitete die Schritte von Stanisław Paszkowski aus Brzezie nach Kalwaria, damit er der Obhut der Bernhardinerpatres das Bild der allerseligsten Mutter anvertraue, das schon zu Zeiten, als es sich noch in der Familienkapelle befand, durch viele Gebetserhörungen berühmt geworden war. Seit jener Zeit und besonders seit dem Tag seiner Krönung durch den Bischof von Krakau, Albin Sas Dunajewski, die im Jahr 1887 mit der Zustimmung von Papst Leo XIII. stattfand, beenden die Pilger ihre Pilgerfahrt durch die engen Straßen in Gegenwart des Gnadenbildes. Am Anfang kamen sie aus allen Teilen Polens, aber auch aus Litauen, der Rus, der Slowakei, aus Böhmen, Ungarn, Mähren und Deutschland. Vor allem die Bewohner Schlesiens haben sie liebgewonnen: Sie haben die Krone des Jesuskindes gestiftet und nehmen seit dem Tag der Krönung jedes Jahr an der Prozession am Fest der Aufnahme Mariens in den Himmel teil."

Zum Abschluss der Eucharistiefeier sagte der Papst die unter den polnischen Katholiken berühmten Worte, seine Bitte und sein geistliches Versprechen: „Ich bin froh darüber, dass diese Reise ihren Höhepunkt gerade hier in Kalwaria zu Füßen Mariens erreicht. Ihrem Schutz empfehle ich erneut euch alle, die ihr hier versammelt seid, die Kirche in Polen und alle Landsleute. Ihre Liebe sei die Quelle überreicher Gnaden für unser Land und seine Bewohner. Bei meinem Besuch in diesem Heiligtum im Jahr 1979 bat ich euch darum, für mich zu beten, solange ich lebe und auch nach meinem Tod. Heute danke ich euch und allen Pilgern von Kalwaria für die geistliche Unterstützung, die mir ständig zuteil wird. Nun bitte ich euch erneut: Betet ohne Unterlass – ich wiederhole es noch einmal – solange ich lebe und nach meinem Tod. Und ich werde wie immer das mir entgegengebrachte Wohlwollen erwidern, indem ich euch alle dem barmherzigen Jesus und seiner Mutter anempfehle."

Krakau

Krakau gehört nicht nur zu den schönsten Städten Europas, die rund 250 Kilometer südlich von Warschau gelegene, zweitgrößte Stadt Polens gilt auch als heimliche Hauptstadt des Landes – was sie bis 1596 tatsächlich auch war. Da Krakau in beiden Weltkriegen von schweren Zerstörungen verschont blieb, kann man hier heute noch eine Vielzahl von kunstvollen, historischen Bauwerken bestaunen: zum Beispiel die zweitälteste Universität Mitteleuropas, gotische Kirchen, das Königsschloss, die Tuchhallen am Marktplatz. Für Karol Wojtyła war Krakau, das 1978 von der UNESCO zum Weltkulturerbe erklärt wurde, sicherlich die bedeutendste Stadt des Landes: Hier studierte er, hier wurde er Priester, hier wirkte er als Erzbischof und als Kardinal. Er nannte Krakau: „Totus poloniae urbs celeberrina" („Die bekannteste von allen polnischen Städten").

Wohnhaus – ul. Tyniecka 10

Krakau, Stadtteil Dębniki. Ein schlichtes, graues Haus am Südufer der Weichsel: Hier lebte der junge Karol Wojtyła mit seinem Vater ab dem Sommer 1938. Frisch eingeschrieben an der Jagiellonen-Universität, philosophische Fakultät, Abteilung für polnische Philologie. Das Haus gehörte Karols Onkel Robert, Eigentümer der Wohnung waren zwei Tanten von Karol, Schwestern seiner verstorbenen Mutter, die nie geheiratet hatten. Vater und Sohn teilten sich zwei Zimmer mit Küche. Im Kellergeschoss, wie George Weigel in seiner Biografie über Johannes Paul II. schreibt (George Weigel, Witness of hope, S. 39). Fast 70 Jahre später: ein seltsamer, fast surreal anmutender Anblick. Ein großes weißes Schild mit dem päpstlichen Siegel ist am Zaun des Hauses befestigt. Es erinnert an den talentierten Mieter. Gelb-weiße Fähnchen, Kerzen, Blumen zum Gedächtnis. Römische Pracht und Herrlichkeit, die manche mit dem Pontifikat Johannes Pauls II. verbinden, sind hier nicht zu finden. Nur Tristesse. Der Blick über den Fluss ist ein Blick auf graue Häuserfassaden, alte Werkstätten geschmückt mit Werbetupfern. Nach dem Tod des Vaters 1941 lud Karol seinen Theater-Mentor aus Wadowice, Mieczysław Kotlarczyk, samt Gattin zu sich in dieses Haus. Es wurde heimlich geprobt, gelesen. Kultur als Weg des Widerstandes, das schöpferische Wort als geistige Waffe. Auszug 1944.

Salesianerkirche des hl. Stanislaus Kostka – ul. Konfederacka

Der Weg zur Pfarrei von Dębniki ist nicht weit: Vorbei an sozialistischen Arbeiterbauten, verrosteten Autos gelangt man zu der dem hl. Stanislaus Kostka geweihten Kirche der Salesianer in der Konfederacka Straße. Ein Gebäude im Art Deko Stil, das Karol regelmäßig von innen sah: Besonders in der Kapelle Unserer Frau vom Beistand der Gläubigen betete er häufig.

Kapelle Unserer Frau vom Beistand der Gläubigen – Wachsfigur

Eine Wachsfigur, die dem späten Johannes Paul II. verblüffend ähnlich sieht, erinnert hier neben Wandtafeln an ihn. Hier in dieser Kirche lernte er den Schneider Jan Tyranowski (1901 – 1947) kennen, der Karol mit den Schriften des Johannes vom Kreuz und der Teresia von Avila vertraut machte, ihn zu Treffen der Gemeinschaft vom „Lebendigen Rosenkranz“ einlud und ihn geistlich formte. „Auf diese Weise erlernte ich die grundlegenden Methoden der Selbstbildung, die dann auf dem Weg der Ausbildung im Seminar ihre Bestätigung und Weiterentwicklung finden sollten.“ (Johannes Paul II., *Geschenk und Geheimnis*, S. 34)

Die sterblichen Überreste Tyranowskis befinden sich in der Kirche, der Seligsprechungsprozess läuft seit 1997. Am 3. November 1946 feierte Karol Wojtyła seine erste öffentliche Messe in der Kirche des hl. Stanislaus Kostka. Über dem Eingang befindet sich ein Bild des Papstes. Es zeigt ihn mit ausgestreckten, segnenden Armen. Fotografien des deutschen Papstes heften an der Informationswand im Eingangsbereich.

Haus von Jan Tyranowski – ul. Różana 11

In Nähe des Marktplatzes von Dębniki lebte der Schneider Jan Tyranowski: in der Różana Straße 11. Hier fanden gewöhnlich die Treffen des „Lebendigen Rosenkranzes“ statt. Neben Privatwohnungen befindet sich heute auch ein Hospiz im Haus, das im Unterschied zu den anderen Häusern der Różana Straße renoviert wurde. Es riecht nach heißem Bohnerwachs und Steinkohle.

Gästehaus – ul. Szwedzka 12

Am Abend des 29. Februar 1944 wird Karol Wojtyła auf dem Heimweg von der Chemiefabrik Solvay von einem deutschen Militärfahrzeug angefahren. Der Fahrer hält nicht an. Karol verliert das Bewusstsein, er hat eine Kopfverletzung. Eine Frau bringt ihn ins Spital, wo er erst nach einigen Tagen das Bewusstsein wieder erlangt. Danach verbringt er mehrere Wochen zur Genesung im Haus einer Bekannten, Irena Szkocha, in der Szwedzka Straße 12 im Stadtteil Dębniki. Doch diese Adresse ist nicht nur wichtig als Krankenlager, auch verbotene Künstlertreffen fanden hier statt – anstelle des früheren Treffpunktes, der „Pod Lipkami" Villa, in der ul. Księcia Józefa 55a im Stadtteil Salwator. Auch das festlich-gemütliche Beisammensein nach der ersten öffentlichen Messe des Priesters Karol Wojtyła fand in dem solide und gepflegt wirkenden Haus in der Swedzka Straße 12 statt. Als Bischof kam Karol Wojtyła während der Weihnachtstage hierher, um mit der Familie Weihnachtslieder zu singen.

Solvay Fabrik – ul. Zakopiańska 62

Mit der Besetzung Polens durch die Deutschen am 1. September 1939 beginnt für alle Polen vom 18. bis zum 60. Lebensjahr, die keiner geregelten Tätigkeit nachgehen, die Zwangsarbeit. „Um der Deportation zur Zwangsarbeit nach Deutschland zu entgehen, begann ich im Herbst 1940 in einem Steinbruch zu arbeiten, der zur Chemiefabrik Solvay gehörte. Er lag ungefähr eine halbe Stunde von meiner Wohnung in Dębniki entfernt, in Zakrzówek, wohin ich jeden Tag zu Fuß ging", schreibt Johannes Paul II. in seiner Autobiografie. Karol Wojtyła verbrachte wenige Monate im Steinbruch Zakrzówek, an welchen heute an der Kreuzung der Straßen Ruczaj, Pychowicka, Wyłom und Kamieniarska eine kleine Kapelle erinnert. Seine Aufgabe war es dem Polier Franciszek Labus zu helfen, Kalkblöcke zu zerschlagen. Er wurde dann in das Chemiewerk Borek Falecki versetzt, das zur Solvay gehörte. Trotz der schweren Arbeit fand Karol Wojtyła dort dank toleranter Arbeitskollegen immer wieder Zeit, um zu beten, zu lesen und sich weiterzubilden. Passend dazu ist aus der Fabrik das „Solvay Zentrum für zeitgenössische Kunst" (Centrum Sztuki Współczesnej Solvay) geworden. Umgeben von modernen Shopping Malls und Supermärkten. Auf diese prägende Zeit physischer Arbeit blickte Wojtyła noch in den 1950er Jahren zurück, als er den Gedichtzyklus „Steinbruch" schrieb: „Hör zu, das Schlagen der Hämmer im Takt, wohl bekannt, übertrage ich auf die Menschen, um die Kraft der Schläge zu prüfen – hör zu, ein elektrischer Strom spaltet den steinernen Fluss – ein Gedanke kommt in mir auf und wächst Tag um Tag, dass sich die Größe der Arbeit ganz im Innern des Menschen befindet."

Sanktuarium der Hl. Schwester Faustina in Łagiewniki (Altbau) – ul. Św. Siostry Faustyny 3-9

„Ich erinnere mich, dass ich, als ich während des Krieges als Arbeiter in der Fabrik „Solvay" tätig war, die in der Nähe des Klosters Łagiewniki liegt, oftmals am Grab von Schwester Faustina verweilte, die damals noch nicht selig gesprochen war", schreibt Johannes Paul II. in seinen Erinnerungen *Auf, lasst uns gehen!* (S. 197f.) „Alles an ihr war außerordentlich, weil unvorhersehbar bei einem so einfachen Mädchen. (...) Als ich Erzbischof geworden war, beauftragte ich Prof. Ignacy Różycki mit der Prüfung ihrer Schriften. Zuerst wich er aus. Dann nahm er schließlich an und studierte die verfügbaren Dokumente gründlich. Am Ende sagte er: „Sie ist eine wunderbare Mystikerin." (ebd.) Und eine etablierte dazu: Der Strom der Besucher in der alten Kapelle, wo das Bild des barmherzigen Jesus verehrt wird, reißt niemals ab. Immer wieder treten Einzelne und Gruppen herein, knien vor dem Bild nieder, küssen Reliquien der Heiligen, die in einer kleinen Glasschatulle aufbewahrt werden. Das Ordnungspersonal wischt regelmäßig mit einem Reinigungstuch über die Schatulle. Auch Schulklassen strömen zu den Reliquien. Alle Schüler verbeugen sich einzeln vor dem Bild und küssen die Schatulle.

Als Johannes Paul II. am 7. Juni 1997 Łagiewniki besuchte, erinnerte er noch einmal an die Bedeutung der von Schwester Faustina empfangenen Botschaft der göttlichen Barmherzigkeit für Polen und sein eigenes Leben während des Krieges: „Ich habe diese persönliche Erfahrung mit nach Rom zum Heiligen Stuhl genommen und sie formt das Bild meines Pontifikats." Auch in *Erinnerung und Identität*, seinem letzten Buch, stellt der Papst die besondere Bedeutung der Offenbarungen der Schwester Faustina heraus. Gerade auch in der Auseinandersetzung mit den Kräften des Bösen: „Wie die Erfahrung zeigte, war das Erbe ihrer Spiritualität für den Widerstand gegen das Böse, das in den damaligen unmenschlichen Systemen wirksam war, von großer Wichtigkeit. All das behält seine klare Bedeutung nicht nur für die Polen, sondern auch für den ausgedehnten Bereich der Kirche in der Welt." Johannes Paul II. starb am Abend des 2. April 2005, dem Vorabend des Festes der göttlichen Barmherzigkeit. Dieses Fest wurde von ihm auf Grundlage von Schwester Faustinas Visionen für die ganze Kirche eingeführt.

Sanktuarium der göttlichen Barmherzigkeit in Łagiewniki (moderne Basilika)

Die moderne Basilika im Krakau Łagiewniki wurde in den Jahren 1997-2002 errichtet. Sie wurde zum offiziellen Ort des Kultes der von Schwester Faustina empfangenen Visionen und Botschaften. Am 17. August 2002 hat Papst Johannes Paul II. die Basilika geweiht und die gesamte Welt der Barmherzigkeit Gottes geweiht. Allen Pilgern steht auch das Pilgerzentrum zur Verfügung. Dort kann man übernachten und etwas essen.

Blick auf das zukünftige Johannes-Paul-II-Zentrum

Auf dem Gelände des Sanktuariums gibt es auch einen hohen Panorama-Turm. Von dem Turm aus kann man nicht nur einen Blick auf Krakau werfen, sondern auch auf die Bauarbeiten beim zukünftigen Johannes-Paul-II.-Zentrum, das in unmittelbarer Nachbarschaft entsteht. Im Turm kann man entweder die Treppe hinauf gehen oder mit dem Lift fahren.

Kathedrale St. Stanislaus und St. Wenzel – Wawelanhöhe

Als die ersten Bomben auf Krakau fallen, befindet sich der junge Karol Wojtyła in der Kathedrale des Wawel, dem Festungshügel der Stadt: „Jener 1. September 1939 wird sich wohl nie mehr aus meinem Gedächtnis tilgen lassen: Es war der erste Freitag des Monats. Ich hatte mich auf den Wawel begeben, um zu beichten. Der Dom war leer. Es war vielleicht das letzte Mal, dass ich die Kirche ohne weiteres betreten konnte.“ (Johannes Paul II., *Geschenk und Geheimnis*, S. 35) Wer die Kirche heute betritt, entdeckt zwar keine Bilder des Papstes, dennoch scheint er überall präsent zu sein.

Während seiner ersten Pilgerreise nach Polen, genau 900 Jahre nach dem Tod des hl. Stanislaus, der 1072 Bischof von Krakau wurde und 1079 von König Boleslaws Auftragskillern ermordet wurde, betete er am Reliquiar des Heiligen. 1987 zelebrierte er die Messe am Kreuz der hl. Hedwig. Am 18. August 2002 las Papst Johannes Paul II. sein Brevier am Confessio des hl. Stanislaus. An normalen Sonntagen strömen auch hier unaufhörlich Touristen und Gläubige zu den verschiedenen Heiligtümern der Kathedrale. Mit Staunen erkennt man: Das Priestertum dieses Papstes war von Anbeginn eingewebt in die Geschichte Polens, in die Geschichte der Helden und Heiligen, der Dichter und Widerstandskämpfer des Landes.

St. Leonards Krypta

In der St. Leonards Krypta der Kathedrale zelebrierte der Priester Karol Wojtyła am 2. November 1946 seine erste hl. Messe – für seine verstorbenen Eltern und seinen verstorbenen Bruder. Am Tag des hl. Wenzel, dem Patron der Kathedrale, wurde Karol Wojtyła 1958 in der Kirche zum Bischof geweiht. Auch als Papst war er oft hier: 1979, 1983, 1987, 1991, 1997, 1999 und 2002.

Kirche des Erzengels Michael und des Bischofs und Märtyrers St. Stanislaus – ul. Skałeczna 15

Alljährlich findet im Mai die große St. Stanislaus Prozession vom Wawel herunter nach Skałka statt. Karol Wojtyła nahm seit 1963 als Erzbischof von Krakau an dieser Prozession teil und führte sie an. Bei seiner ersten Polenreise als Papst 1979 traf er sich in der Kirche des Erzengels Michael und des hl. Bischofs und Märtyrers Stanislaus in der Skałeczna Straße mit den Studenten und zahlreichen Vertretern aus Wissenschaft und Kultur. In der Kirche erinnern eine Papst-Büste und ein Kreuz an dieses denkwürdige Treffen.

Höheres Priesterseminar des Krakauer Erzbistums – ul. Podzamcze 8

Der Abstieg vom Wawel führt auch zum offiziellen Priesterseminar der Diözese Krakau, das der Untergrund-Seminarist Karol Wojtyła jedoch nur kurze Zeit im Jahre 1945 besucht hat. Der Weg hinein ist sehr einfach: Man klingelt beim Pförtner, der etwas Deutsch spricht und einen Seminaristen ruft, der ebenfalls etwas Deutsch spricht. Wenn man sagt, man wolle in die Kapelle, in der auch Karol Wojtyła gebetet habe, ruft dieser Seminarist einen anderen Seminaristen, der Englisch spricht und einem freundlich mitteilt, dass er erst den Leiter des Seminars fragen müsse, ob man in die Kapelle dürfe. Wenn etwas Zeit vergangen ist und der Leiter keine Einwände hat, erfährt man von dem Seminaristen, der Deutsch spricht, einige interessante Dinge. Zum Beispiel:

„Im zweiten Stock des Seminars ist der Kreuzweg dargestellt. Über jeder Türe hängt eine Station. Wenn ein Seminarist vor 40 Jahren am Abend noch einmal raus zur Toilette musste oder Hunger hatte, konnte es passieren, dass er den Erzbischof Wojtyła sah, wie dieser gerade die 14 Stationen beging. Viele beteten dann mit ihm. Wie Söhne. Auch wir fühlen uns als seine Söhne, glauben, dass er bei uns ist, uns hilft.“ In der Kapelle sitzen schon einige Söhne und beten das Brevier. Ernste, vergeistigte Gesichter, denen man anmerkt,

dass innere Disziplin und Transzendenz zusammengehören – und möglich sind. Bei jungen Menschen in Polen. Auch im 21. Jahrhundert.

Collegium Novum der Jagiellonen-Universität – ul. Gołębia 24

1938 begann Karol Wojtyła sein Studium der polnischen Philologie und Literatur an der philosophischen Fakultät der Jagiellonen-Universität. Während des Zweiten Weltkriegs studierte er heimlich an der theologischen Fakultät der Universität. 1948 empfing er hier den Doktortitel und begann Ethik-Vorlesungen zu halten. 1954 war er der letzte Theologe, der sich an der theologischen Fakultät habilitierte, die bald darauf von der Universität getrennt wurde. Am 22. Juni 1983 verlieh ihm die Universität den Ehrendoktortitel. Bei seinem Besuch in Krakau 1997 erinnerte der Papst in einer Rede, die er in der benachbarten St. Annakirche vor Studenten und Professoren hielt, an die 600-jährige Tradition der theologischen Fakultät an der Jagiellonen-Universität.

St. Florianskirche – ul. Warszawska 1

Im März 1949 wurde der Kaplan Wojtyła von einer Landpfarrei in die Pfarrei Sankt Florian in Krakau versetzt. Der dortige Pfarrer übertrug ihm die Katechese in den höheren Klassen des Gymnasiums und die Seelsorge unter den Universitätsstudenten. Die Hochschulseelsorge in Krakau hatte damals ihr Zentrum an der St. Anna-Kirche, aber mit der Errichtung neuer Fakultäten erkannte man die Notwendigkeit, ein neues Zentrum bei der Pfarrei Sankt Florian zu schaffen. Dort begann Wojtyła mit den Vorträgen für die Hochschuljugend, die er jeweils am Donnerstag hielt. Sie behandelten fundamentale Probleme, wie die Existenz Gottes und die Geistigkeit der menschlichen Seele.

Gedenktafel an der Wand des Pfarrhauses

An der Wand des Pfarrhauses erinnert heute eine Gedenktafel an Karol Wojtyła. Nachdem er zwei Jahre in der Pfarrei Sankt Florian gearbeitet hatte, ermutigte ihn Erzbischof Baziak während der Ferien 1951 zur wissenschaftlichen Arbeit. Er sollte sich auf die Habilitation als Privatdozent für Ethik und Moraltheologie vorbereiten.

TOTUS TUUS
W TYM DOMU MIESZKAŁ
KS DR KAROL WOJTYŁA
1949–1951
PAPIEŻ JAN PAWEŁ II

Gebetsbank in der Kirche

Am 18. August 2002 traf Johannes Paul II. die Gemeindemitglieder seiner alten Pfarrei im Kirchhof. Es war sein vorletzter Tag in Krakau. Geblieben ist die päpstliche Gebetsbank, die vor dem Allerheiligsten im Seitenflügel der Kirche aufgestellt ist. Alte Frauen beten den Rosenkranz, ohne dass ihnen etwas entgeht, das in der Kirche geschieht.

Dechanten-Haus – ul. Kanonicza 19/21

Weiter geht es zum Dechanten-Haus in der Kanonicza 19 bzw. 21. In der Nr. 19 lebte Karol Wojtyła während seiner wissenschaftlichen Laufbahn von 1951 an, führte dort seine Arbeit *Über die Möglichkeit, eine christliche Ethik in Anlehnung an Max Scheler zu schaffen* zu Ende, mit der er sich im Jahre 1953 an der Krakauer Theologischen Fakultät habilitierte. In der Nr. 21 wohnte er als Bischof von 1958 bis 1967.

Dechanten-Haus (innen)

Beide Häuser beherbergen heute das Museum der Diözese Krakau, und das hat es in sich: Karols alter Schreibtisch mit Schreibmaschine, seine Skier, sein Kajak, Zeugnisse, Fotos, Souvenirs, seine päpstliche Soutane. Die Vitrinen sind voll mit persönlichen Hinterlassenschaften. Wer hier selbst Fotos machen möchte, kann beim Pförtner am Eingang für 5 Złoty ein Fototicket erwerben.

Johannes-Paul-II-Zentrum (außen) – ul. Kanonicza 18

Fast gegenüber vom Dechanten-Haus ist das JP-II-Zentrum untergebracht. „Provisorisch", wie die Verantwortlichen des Zentrums betonen. Seinen festen Platz wird das Zentrum in Zukunft wie bereits erwähnt in Krakau-Łagiewniki bekommen. Ziel des provisorischen Zentrums ist es schon jetzt, die Spiritualität, Kultur und Tradition sowie die karitative, erzieherische und wissenschaftliche Tätigkeit des polnischen Papstes der Öffentlichkeit bekannt zu machen. Den Besucher erwartet eine Dia-Show zum Leben des Papstes, Bilder und jede Menge Bücher von und über Johannes Paul II. in verschiedenen Sprachen.

Päpstliche Johannes-Paul-II.-Universität – ul. Kanonicza 25

Nicht weit entfernt in derselben Straße ist die von Johannes Paul II. 1981 gegründete Päpstliche Theologische Akademie, welche 2009 von Papst Benedikt XVI. zur Päpstlichen Johannes-Paul-II.-Universität

CENTRUM
JANA PAWŁA II
"Nie lękajcie się!"
amień Węgielny pod budowę Centrum Jana Pawła II „Nie lękajcie się!" w Krakowie Łagiewnikach pobłogosławiony przez Ojc
Benedykta XVI podczas pierwszej wizyty apostolskiej w Polsce na krakowskich Błoniach w dniu 27 maja 2006 roku
Przed Kamieniem znajdują się skały przyniesione przez młodzież na spotkanie z Benedyktem XVI,

aufgewertet wurde. „Das ist ein großartiges Ereignis für Polen und die Kirche", so der Krakauer Kardinal und Großkanzler der Hochschule, Stanisław Dziwisz damals. Hochschulrektor Jan Maciej Dyduch kündigte an, die Universität werde ein „lebendes Denkmal für Johannes Paul II." sein und dessen Testament verwirklichen. An der Universität werden derzeit etwa 3.000 Studenten in Theologie, Philosophie und Kirchengeschichte unterrichtet.

Die bisherige Päpstliche Akademie war vor 600 Jahren als ehemalige Theologische Fakultät der Jagiellonen-Universität gegründet worden. 1954 schlossen die kommunistischen Machthaber Polens die Fakultät aus der staatlichen Universität aus. Sie blieb aber als Akademie unter der Hoheit des Vatikans bestehen.

Basilika Mariä Himmelfahrt – Rynek Główny (Großer Marktplatz)

Zwischen 1952 und 1957 war Karol Wojtyła Prediger und Beichtvater in der berühmtesten Kirche Krakaus, mit ihren beiden unterschiedlich Türmen, dem Hejnal und dem Hauptaltar von Veit Stoß. Johannes Paul II. schrieb im Rückblick: „...(ich) gewann die Überzeugung, dass der Priester einen wesentlichen Teil seines Sendungsauftrages durch den Beichtstuhl erfüllt – dadurch, dass er sich freiwillig „zum Gefangenen des Beichtstuhls" macht. (...) Ich versuchte stets, die Verbindung zum Beichtstuhl aufrechtzuerhalten, sowohl während meiner wissenschaftlichen Tätigkeit in Krakau, wo ich vor allem in der Basilika Mariä Himmelfahrt Beichte hörte, ..." (Johannes Paul II., *Geschenk und Geheimnis*, S. 64)

Als Papst besuchte er die Basilika dreimal: 1991 sprach er am kleinen Altar im Eingangsbereich Aniela Salawa selig, ein polnisches Dienstmädchen. Am 17. Mai 1981 kamen die Teilnehmer des sogenannten „Weißen Marsches" vor der Basilika zusammen, um für den durch das Attentat schwer verletzten Papst zu beten.

Am Abend des 2. Aprils 2005, als Papst Johannes Paul II. starb, versammelten sich unzählige Menschen vor der Marienkirche.

Franziskaner Kirche – ul. Franciszkańska 2

Seit seiner Studentenzeit verbrachte Karol Wojtyła betend viel Zeit in dieser Kirche. Sein Stammplatz war in der vorletzten Bank links. Eine ihm gewidmete Metallplatte erinnert heute daran. Freitags betete Kardinal Wojtyła in dieser Kirche manchmal den Kreuzweg. Am 9. Juni 1979 erklang in dieser Kirche die Uraufführung des „Beatus vir“ von Górecki zu Ehren des 900-jährigen Todestages des hl. Stanislaus. Johannes Paul II. war dabei.

Franziskaner Kirche (innen) – Grab der sel. Aniela Salawa

„In der Kirche der Franziskaner ist auch das Grab der sel. Aniela Salawa, eines einfachen Dienstmädchens. Ich sprach sie am 13. August 1991 in Krakau selig. Ihr Leben ist der Beweis, dass die Arbeit eines Dienstmädchens, wenn sie im Geist des Glaubens und der Opferbereitschaft verrichtet wird, zur Heiligkeit führen kann. Oft habe ich ihr Grab besucht." (Johannes Paul II., *Auf, lasst uns gehen!*, S. 199)

Palast der Krakauer Bischöfe – ul. Franciszkańska 3

Ziemlich früh, am 10. August 1944, als Student des heimlichen Priesterseminars der Diözese Krakau, zog Karol Wojtyła hier ein. Er empfing die Priesterweihe am 1. November durch Kardinal Adam Sapieha in dessen Kapelle. Als Bischof und Kardinal arbeitete Wojtyła in diesem Palast. Während seiner päpstlichen Pilgereisen übernachtete er hier. Im Innenhof steht seine Statue. Unzählige Menschen versammelten sich hier, als er starb.
Über die Kapelle, die der Öffentlichkeit nicht zugänglich ist, welche ich glücklicherweise einmal betreten durfte, schreibt Johannes Paul II.: „In der Privatkapelle betete ich nicht nur, sondern ich blieb auch sitzen und schrieb. Dort schrieb ich meine Bücher, darunter auch die Monographie „Person und Tat". Ich bin überzeugt, dass die Kapelle ein Ort ist, von der eine besondere Inspiration ausgeht. Es ist ein enormes Privileg, im Umfeld dieser Gegenwart leben und arbeiten zu können. Eine GEGENWART, die anzieht, gleichsam ein großer Magnet." (Johannes Paul II., *Auf, lasst uns gehen!*, S. 153)
Vor dem Empfangsbüro des Palastes steht ein Automat mit Sondermünzen von Papst Johannes Paul II. Auch eine Form von Gegenwart.

St. Josef Kirche – ul. Poselska 21

„In der Poselska-Straße, in der Nähe des bischöflichen Palastes, sind die Schwestern des hl. Bernhard. In ihrer Kirche, die dem hl. Josef geweiht ist, haben sie die ständige Aussetzung des Allerheiligsten Sakramentes. In freien Momenten ging ich dorthin, um zu beten, und häufig fiel mein Blick auf das schöne Bild des Putativ-Vaters Jesu, das in jener Kirche sehr verehrt wird. Dort predigte ich einmal auch die geistlichen Exerzitien für die Juristen. (...) In Krakau gibt es noch eine weitere Kirche, die dem hl. Josef geweiht ist; sie liegt in Podgorze. Ich suchte sie während der Pastoralbesuche auf." (Johannes Paul II., *Auf, lasst uns gehen!*, S. 143 f.)

Dominikaner Kirche – ul. Stolarska 12

„Unter den Heiligen Krakaus erinnere ich mich auch an den hl. Jacek Odrowąż: ein großer Heiliger dieser Stadt. Seine Reliquien ruhen in der Dominikaner-Kirche. Viele Male bin ich in dieses Heiligtum gegangen. Sankt Jacek war ein großer Missionar: Von Danzig aus drang er in den Osten vor bis nach Kiew." (Johannes Paul II., *Auf, lasst uns gehen!*, S. 199)

Arche des Herrn - Kirche der Gottesmutter Königin von Polen (im Stadtteil Bieńczyce - Obrońców) – ul. Krzyża 1

Berühmt ist die Arche-Kirche der Muttergottes in der Bieńczyce-Siedlung in Krakau-Nowa Huta, dem größten Stadtteil Krakaus, die eigentlich eine eigene, sozialistische Stadt sein sollte. Ohne Kirchen. Die Anwohner und Arbeiter wollten aber eine Kirche und Bischof Wojtyła unterstützte sie: Von 1960 an feierte er die Mitternachtsmesse zu Weihnachten unter freiem Himmel dort, wo die Kirche heute steht. Mit vielen Gläubigen und viel Frost. Auf dem Boden und in der Beziehung zu den politischen Machthabern. Doch Wojtyła pochte auf das Recht der öffentlichen Glaubenskundgebungen und den Bau der Kirche. Den Grundstein brachte er selbst vorbei: Ein von Papst Paul VI. konsekrierter Stein aus den Mauern von Sankt Peter in Rom, der heute in der Krypta der Arche zu sehen ist. Die Kirche wurde in Form eines Bootes gebaut und mit 2 Millionen Gebirgsflusskieseln verkleidet. Am 15. Mai 1977 weihte Kardinal Wojtyła die Arche, die auch heute noch viele Gläubige anzieht.

Interessant zu wissen: Schon als Seminarist war Karol Wojtyła während der Ferien häufig in Bieńczyce, das damals zur Pfarrei Raciborowice gehörte. „Ich hielt mich wiederholt lange in der alten Kirche von Raciborowice auf, die noch auf die Zeit von Jan Długosz zurückhing. Viele Stunden widmete ich der Meditation, während ich auf dem Friedhof spazieren ging. Ich hatte meine Bücher nach Raciborowice mitgebracht: die kommentierte Ausgabe der Werke des hl. Thomas.“ (Johannes Paul II., *Geschenk und Geheimnis*, S. 27)

St. Maximilian-Kolbe-Kirche (im Stadtteil Mistrzejowice) – os. Tysiąclecia 86 (1000-lecia-Siedlung 86)

Eine ähnliche Auseinandersetzung wie mit der Arche erlebte Bischof Wojtyła im Seelsorgezentrum von Mistrzejowice. Es gab dort nur eine kleine Kapelle. Zwei Priester begannen darin betend eine neue Pfarrei zu bilden. Sie wurden bekämpft, doch nach einigen weihnachtlichen Mitternachtsmessen des Kardinals starteten auch hier die Bauarbeiten. Am 22. Juni 1983 weihte Johannes Paul II. die Kirche und widmete sie dem hl. Maximilian Kolbe.

Kirche der hl. Hedwig von Anjou (pol. Jadwiga Andegaweńska) – ul. Łokietka 60.

Im Jahre 1997 sprach Papst Johannes Paul II. die Königin Hedwig von Polen heilig, dabei besuchte er auch diese Kirche, die ihren Namen trägt. Eine päpstliche Plakette über dem Eingang zur Kirche erinnert daran. Außerhalb der Kirche ist ein Kreuz aufgestellt, das von dem Altar stammt, an welchem Johannes Paul II. auf den Błonia Wiesen 1979 die Messe zelebrierte. Hedwigs offizieller Titel war Król Jadwiga, das heißt König Hedwig, da sie im eigenen Recht Herrscherin des Königreichs war. Alle gekrönten Herrscher Polens trugen diesen Titel ohne Rücksicht auf das Geschlecht. Nicht verwechselt werden darf diese Hedwig mit der heiligen Hedwig von Andechs, die heute als Patronin des deutsch-polnischen Dialogs gilt.

Grab der Eltern von Johannes Paul II. – Militärteil des Rakowicki-Friedhofs

Das Grab der Eltern, des Bruders und anderer Familienmitglieder mütterlicherseits von Johannes Paul II. befindet sich auf dem Rakowicki-Friedhof, wo viele polnische Prominente aus Politik, Wissenschaft und Kultur beerdigt wurden, darunter auch der Philosoph Roman Ingarden und der Sänger Marek Grechuta. Das Grab der Eltern von Johannes Paul II. befindet sich auf dem Militärteil. Karols Vater war österreichisch-ungarischer Soldat, der dann in Marschall Piłsudskis Armee eintrat und 1926 als Hauptmann pensioniert wurde. Papst Johannes Paul II. besuchte das Grab im Jahre 2002. Am Eingang des Militärteils des Friedhofs ist ein Denkmal des betenden Papstes aufgestellt worden. Am Grab selbst befinden sich stets unzählige Blumen und Kerzen.

Błonia-Wiesen – al. 3 Maja (Allee des 3. Mai)

Eine weitere wichtige Station Johannes Pauls II. in Krakau: die Błonia Wiese, wo die großen Messfeiern der Papstbesuche stattfanden und wo auf Initiative des damaligen Kardinals von Krakau, Franciszek Macharski, im Jahre 1997 an der Allee des 3. Mai ein Gedenkstein zum Besuch von Johannes Paul II. errichtet wurde. Nach dem Tode des Papstes strömten viele Pilger in Weiß gekleidet vom Krakauer Marktplatz in Dankbarkeit für das Leben und Wirken des Papstes zu dieser Stelle. Ein zweiter weißer Marsch. Der erste fand am 17. Mai 1981 statt – als Ausdruck der Solidarität mit dem nach dem Attentat um sein Leben ringenden Heiligen Vater. An diesen ersten weißen Marsch erinnert eine Johannes-Paul-II.-Büste, die sich in unmittelbarer Nähe im Henryk-Jordan-Park befindet.

Johannes-Paul-II-Flughafen in Balice

Im Internationalen Johannes-Paul-II-Flughafen Balice erinnert ein Relief an den Heiligen Vater, der als Papst zweimal an diesem Flughafen landete, nämlich am 14. Juni 1999 und am 16. August 2002. Verlassen hat er den Flughafen sechs Mal: Am 10. Juni 1979, am 23. Juni 1983, am 16. August 1991, am 10. Juni 1997, am 17. Juni 1999 und am 19. August 2002. Man kann sich vorstellen, wie wehmütig er war, als er sein geliebtes Krakau zum letzten Mal sah.

Niegowić

24 Kilometer südöstlich von Krakau und ungefähr 13 Kilometer vom berühmten Salzbergwerk Wieliczka entfernt befindet sich das verträumte Dörfchen Niegowić, das ebenfalls zur Wojewodschaft Kleinpolen (Małopolskie) zählt. Hier war Karol Wojtyła von Juli 1948 bis August 1949 in der Pfarrei tätig. Es war seine erste Pfarrei, seine erste Stelle, sein erster Arbeitsauftrag, die sogenannte *aplikata*. Am besten wählt man zur Anfahrt den eigenen PKW oder ein Taxi mit eingeschaltetem Taxameter, um nicht in den Genuss überhöhter Preise zu kommen.

Kirche der Aufnahme der Hl. Jungfrau Maria in den Himmel

„Ich fuhr mit dem Autobus von Krakau nach Gdów; von dort nahm mich ein Bauer mit seinem Karren hinaus aufs Land, zum Dorf Marszowice; dann gab er mir den Rat, zu Fuß einen Abkürzungsweg durch die Felder einzuschlagen. Schon aus der Ferne sah ich die Kirche von Niegowić. Es war Erntezeit. Ich wanderte zwischen Getreidefeldern, auf denen die Ähren zum Teil schon geschnitten waren, zum Teil aber noch im Winde wogten. Als ich endlich das Pfarrgebiet von Niegowić erreichte, kniete ich nieder und küsste die Erde. Diese Geste hatte ich vom hl. Johannes M. Vianney gelernt. In der Kirche verweilte ich vor dem Allerheiligsten, ...“ (Johannes Paul II., *Geschenk und Geheimnis,* S. 67)

LIPLAS
GDOW – RYNEK
km

Grabplatte und Statue

Heute befindet sich an dieser Stelle eine Kopie des römischen Grabes von Johannes Paul II., das für Gebete von Besuchern regelmäßig benutzt wird. De gustibus non est disputandum.

Vor der Kirche befindet sich eine Statue des späteren Papstes in der jungen Gestalt des Kaplans.

Kaplanwohnung

Gegenüber von der Kirche ist das Haus, in dem der Kaplan Karol Wojtyła lebte. Die pastorale Arbeit bestand für Karol Wojtyła in den typischen Aufgaben eines Kaplans und Religionslehrers. Fünf Elementarschulen waren ihm anvertraut. Als Transportmittel standen ein Karren oder eine Kalesche zur Verfügung.

Tschenstochau

Tschenstochau (polnisch: Częstochowa) ist ein marianischer Wallfahrtsort, der 160 Kilometer von Krakau in Richtung Łódź liegt. Die Stadt gehört zur Wojewodschaft Schlesien und ist das Zentrum des polnischen Katholizismus. Vom 1. bis 15. August pilgern Hunderttausende zur Ikone der Schwarzen Madonna. Die Straßen Polens sind zu dieser Zeit verstopft. Was bei der Anreise zu berücksichtigen ist. Die Ikone befindet sich im Paulinerkloster auf dem Berg Jasna Góra. „Jasna Góra ist das Sanktuarium der Nation. Man soll das Ohr an diesen heiligen Ort legen, um zu spüren, wie das Herz der Nation im Herzen der Mutter schlägt", sagte Johannes Paul II. bei seinem ersten Besuch 1979 als Papst. Bereits als Erzbischof und Kardinal war er oft hierher gereist. Auch später betonte der Papst die spirituelle und nationale Bedeutung von Jasna Góra. „Jasna Góra ist ein Ort besonderer Evangelisierung. Die großen Ereignisse im Leben Polens sind stets auf irgendeine Weise mit ihm verbunden: Sowohl die frühe als auch die heutige Zeitgeschichte meiner Nation hat dort oben, auf dem Hügel von Jasna Góra, ihren wichtigsten Konzentrationspunkt." (Johannes Paul II., *Die Schwelle der Hoffnung überschreiten,* S. 240).

Eingangstor zum Paulinerkloster mit Papstwappen

Der wichtigste bauliche Komplex in Częstochowa ist das schwer befestigte Paulinerkloster auf dem als Jasna Góra (deutsch: Heller Berg) bekannten Hügel im Westen der Stadt, das während der schwedischen Invasion im Jahre 1655 eine mehrwöchige Belagerung durch schwedische Truppen überstand. Der befestigte Teil der Anlage wurde in der Zeit vom 15. bis 20. Jahrhundert errichtet und ist im Norden, Westen und Südwesten von einem Park umgeben. Im Süden befindet sich der repräsentative Haupteingang mit einem großen Papstwappen am Eingangstor.

Papst Johannes Paul II.-Statue

Im Osten der Anlage befindet sich eine große Freifläche, die für Massenveranstaltungen, wie zum Beispiel bei den sechs Besuchen des Papstes in den Jahren 1979, 1983, 1987, 1991, 1997, 1999, genutzt wurde. Zu Ehren von Papst Johannes Paul II. erbaute man eine Statue von ihm.

Marienkapelle mit der Ikone der Schwarzen Madonna von Tschenstochau

An die Klosterkirche schließt eine Kapelle mit der berühmten Ikone der Schwarzen Madonna von Tschenstochau an. Johannes Paul II. vertraute der Schwarzen Madonna bei seiner ersten Polenreise die Weltkirche und Polen, alle Menschen und sich selbst mit den Worten an: „Mutter! Ich bin ganz dein, und alles was mein ist, ist dein!" Er übergab damals auch eine Goldene Rose, die am Gnadenaltar rechts neben der Ikone einen würdigen Platz bekam. Das dunkle Antlitz der Ikone ist auf den Ruß der vielen Votivkerzen, die Berührungen und die Küsse der vielen Wallfahrer im Laufe der Jahrhunderte zurückzuführen.

Blutbefleckter Gürtel von Johannes Paul II.

Auf der linken Seite des Gnadenaltars befindet sich der blutbefleckte Gürtel vom Talar des Heiligen Vaters, den er zum Zeitpunkt des Attentats auf ihn trug. Am 13. Mai 1981. In Dankbarkeit für die Gebete in Tschenstochau, wie in ganz Polen, hat Johannes Paul II. den Gürtel dem Nationalheiligtum übergeben. Die Kugel befindet sich bekanntlich in Fatima.

Lublin

Lublin ist die größte polnische Stadt östlich der Weichsel. Sie besitzt viele historische Gebäude. Zudem gilt Lublin als wichtiges akademisches Zentrum Polens, weshalb man es auch das polnische Oxford nennt. Tatsächlich ist die Stadt Sitz von vier Universitäten. Eine der bekanntesten ist sicherlich die Katholische Universität Lublin (KUL), die nach Papst Johannes Paul II. benannt ist. Nicht ohne Grund, denn 24 Jahre lang - von 1954 bis 1978 - lehrte Karol Wojtyła als Professor an dieser Universität im Fach Ethik. Die Katholische Universität (KUL) ist die einzige kirchliche Hochschule in Osteuropa, welche die Kommunisten nicht auflösen konnten.

Katholische Universität Lublin (KUL) – Al. Racławickie 14

Über 1100 Dozentinnen und Dozenten bilden heute den wissenschaftlich-didaktischen Kader der Universität. Das Forschungsfeld ist breit, was sich auch an den Fakultäten widerspiegelt: Theologie, Rechtswissenschaften, Mathematik und Naturwissenschaften. Die Studenten können ihr Studium auf den Bachelor-, Master- oder Doktor-Titel ausrichten. Es gibt auch Studiengänge komplett in englischer Sprache. Johannes Paul II. sagte über KUL einmal: „Unsere Universität dient der gegenseitigen Offenheit von Glauben und menschlicher Vernunft in unserem Land, indem sie ihren Beitrag leistet zur polnischen Wissenschaft und Kultur. (…) Unser katholisches Spezifikum übt eine besondere Attraktion auf die gesamte polnische akademische Familie aus.“ Selbstbewusste Töne, die man sich öfter auch von katholischen Wissenschaftlern in Deutschland wünschen würde.

Collegium Johannes Paul II. - Al. Racławickie 14

Wojtyłas unmittelbarer Nachfolger auf dem Lehrstuhl für Ethik, der Salvatorianerpater Tadeusz Styczeń, rief zur Erinnerung an Karol Wojtyła 1982 das interdisziplinäre Johannes-Paul-II.-Collegium an der KUL ins Leben. Dessen Hauptaugenmerk gilt der philosophischen und theologischen Anthropologie, der philosophischen Ethik und Moraltheologie, sowie der Rezeption und Vertiefung des Denkens von Karol Wojtyła. Am Collegium werden verschiedene Schriften Karol Wojtyłas herausgegeben, insbesondere Texte, die er während der Jahre als Professor an der KUL verfasst hat. Hinzu kommen Kommentare zu wichtigen Dokumenten aus seiner Zeit als Papst. Jedes Jahr finden zwei internationale Symposien über die oben erwähnten Themen statt. Darüber hinaus gibt es monatliche Konservatorien mit Referat und anschließender Diskussion.

Bronzeskulptur - Innenhof

Besondere Beachtung verdient eine Bronzeskulptur im Innenhof des Hauptgebäudes. Sie zeigt den polnischen Primas Kardinal Stefan Wyszyński, der sich vor Papst Johannes Paul II. verneigt. Ein symbolischer Ausdruck dafür, dass sich die polnische Kirche in Zeiten des Kommunismus nur dem Pontifex aus Rom, nicht aber der Staatsgewalt beugte.

Museum - Innenhof

In dem Gebäudetrakt hinter der Bronzeskulptur ist vor ein paar Jahren ein Museum eingerichtet worden. Am Eingang befindet sich eine Gedächtnistafel mit einem Ausspruch von Johannes Paul II.: Von der Lubliner Union zur Europäischen Union.

Museum (Innen)

Im Museum sind nicht nur Bilder des Papstes zu sehen, sondern auch Geschenke des Heiligen Vaters an die Hochschule. Gewänder, ein Sessel und ein Wanderstock, den der Papst während seiner Ausflüge in den italienischen Alpen benutzte. Auf ihm sind in italienischer Sprache die Worte „Ja zum Leben“ eingeritzt.

Dazu kann man den runden Querschnitt eines Baumes bewundern, in den sich die prominenten Teilnehmer eines Wanderausflugs vor vielen Jahrzehnten mit ihrem Namen eingeritzt haben. Die Unterschrift von Karol Wojtyła erkennt man mit etwas gutem Willen in der Mitte des Kreises. In dem Erdgeschosstrakt, wo heute das Museum ist, waren früher die Vorlesesäle, in denen Wojtyła und andere Dozenten der philosophischen Fakultät unterrichteten.

Im Senatssaal der Universität, welcher der Öffentlichkeit nicht zugänglich ist, steht übrigens ein weiterer, schlichterer Stuhl Wojtyłas, der Lehrstuhl sozusagen, den er als Professor in Lublin benutzte. „Er ist eine symbolische Präsenz seiner selbst, wenn wir hier tagen“, erklärte der Rektor der Universität einmal gegenüber der Katholischen Nachrichtenagentur.

TOTUS TUUS
1987
KUL
DEO ET PATRIAE
KSIĘGA PAMIĄTKOWA
KUL
Księga kondolencyjna
z wpisami po śmierci Ojca Świętego Jana Pawła II
The condolatory book
with the entries after John Paul II's death

Wohnung – ul. Chopina 27–29

„Die Lubliner Zeit von Karol Wojtyła wird oft übergangen", bemerkt der polnische Philosoph und emeritierte KUL-Professor Antoni Stępień. Stępień ist Mitbegründer der international bekannten „Lubliner Schule der Philosophie" und erlebte das Engagement von Karol Wojtyła als Professor für Ethik an der KUL persönlich.
„Wir waren sehr beeindruckt von seinem Wissen und seiner Gedankentiefe", sagt er in seiner Wohnung, die sich in der ul. Chopina 27-29 befindet, wo nicht nur die Bibliothek der Universität, sondern auch Wohnungen der Universitätsangestellten untergebracht sind. Auch Karol Wojtyła hatte hier sein spärliches Zimmer, wenn er aus Krakau mit dem Zug kommend in Lublin übernachten musste.

Kapelle

Dazu gibt es noch heute in dem Haus eine Kapelle, in welcher Wojtyła die Messe zelebrierte. „Man hatte bei ihm das Gefühl, dass er ständig mit Gott in Verbindung stand. Manchmal versank er für kurze Momente ins Gebet, um bald darauf auf höchstem intellektuellem Niveau wieder präsent zu sein", erinnert sich Stępień, der davon überzeugt ist, dass wir in einer Zeit des zivilisatorischen Verfalls leben. „Man kann nur versuchen, so viel wie möglich in die Zukunft zu retten."

Warschau

Warschau (polnisch: Warszawa) ist nicht nur die größte Stadt Polens, sondern auch die Hauptstadt des Landes. Sie hat über 1,7 Millionen Einwohner, liegt an der Weichsel (Wisła) und gehört zur Wojewodschaft Masowien (Mazowsze). Warschau ist eine boomende Stadt voller Widersprüche: einerseits prägen moderne Wolkenkratzer, riesige Werbeflächen und viele Autos das Stadtbild, andererseits ist die Altstadt, die nach Gemälden des Italieners Canaletto aus dem 18. Jahrhundert wieder aufgebaut wurde, sehr idyllisch und schön. Gerade als deutscher Besucher muss man wissen, dass 84 Prozent der Bausubstanz von Warschau nach dem Zweiten Weltkrieg in Schutt und Asche lagen. Neun Mal reiste Karol Wojtyła insgesamt als Papst in seine Heimat. Dabei stand fast immer Warschau, mit dem Sitz des polnischen Nuntius, auf dem Besuchsprogramm.

Fryderyk Chopin Flughafen

An diesem Ort fingen die meisten Pilgerfahrten von Johannes Paul II. nach Polen an. Am 2. Juni 1979, während seines ersten Besuchs, hat er nach dem Ausstieg aus dem Flugzeug den heimatlichen Boden geküsst. Diese Geste leitete jeden Pilgerbesuch des Papstes ein.
Im Flughafen befindet sich eine moderne Kapelle, die Reisenden jeder Religion, die Möglichkeit der inneren Einkehr bietet. In der Kapelle werden regelmäßig vom Flughafengeistlichen Pfarrer Dr. Zbigniew Stefaniak für Pilgergruppen aus allen Ländern Hl. Messen zelebriert.

Marschall Josef Piłsudski Platz – Plac Marszałka Józefa Piłsudskiego

„Lass Deinen Geist herabsteigen und das Antlitz der Erde erneuern. Dieser Erde!“ Diese historischen Worte sind auf dem Piłsudski-Platz – im Zeitraum der Volksrepublik Polen „Siegerplatz“ genannt – im Juni 1979 in der Hl. Messe während der ersten päpstlichen Pilgerfahrt nach Polen gefallen. Sie hatten eine bahnbrechende Wirkung. Der Papst gab seinen polnischen Landsleuten den Mut, die kommunistischen Machthaber herauszufordern. Ein Jahr später gab es Massenstreiks, und die Gewerkschaftsbewegung „Solidarność“ entstand. Damals hatten sich hier 500.000 Menschen versammelt, um die Predigt, die mit dem Ruf um die Gabe des Heiligen Geistes beendet wurde, zu hören. Vor der Messe legte Johannes Paul II. am Grab des Unbekannten Soldaten, das sich im westlichen Teil des Piłsudski-Platzes befindet, zusammen mit Kardinal Stefan Wyszyński, dem damaligen Primas von Polen, Blumen nieder und schrieb sich in das Gedächtnisbuch mit den folgenden Worten ein: „Dem Unbekannten Polnischen Soldaten – Johannes Paul II., Sohn dieser Erde“. Auf demselben Platz las er zwanzig Jahre später, im Juni 1999, erneut die Messe im bereits freien Polen. Heute finden hier an päpstlichen Gedächtnistagen christliche Konzerte und Gottesdienste statt, ansonsten erinnert eine Inschrift an die Stelle, von der Papst Johannes Paul II. den Heiligen Geist mit Erfolg auf „diese“ Erde herabrief.

Präsidentenpalast – ul. Krakowskie Przedmieście 46/48

Der Präsidentenpalast ist vom Piłsudski-Platz bequem zu Fuß zu erreichen. Er ist eines der repräsentativsten und größten Gebäude Warschaus. Seit 1994 ist er der offizielle Sitz des Präsidenten der Republik Polen. Als Erster ist hier Lech Wałęsa eingezogen. Im Juni 1999 war Johannes Paul II. hier, um dem damaligen Präsidenten der Republik Polen, Aleksander Kwaśniewski, einen Besuch abzustatten. Im Sommer 2010 bot der Palast im Zusammenhang mit dem Absturz der Präsidentenmaschine die Hintergrundkulisse für den Kreuzesstreit. Auf dem Bild sieht man das von Pfadfindern aufgestellte Kreuz, das inzwischen entfernt wurde. Welche Position hätte Johannes Paul II. bei der teils hitzig geführten Diskussion wohl eingenommen? Wir können nur spekulieren.

Haus der Ursulinen-Schwestern – ul. Wiślana 2

Das Haus der „Grauen Schwestern“ hat Karol Wojtyła oftmals als Gast empfangen, wenn er hier als Professor, Bischof oder Kardinal in den 1950er, 60er und 70er Jahren haltmachte. Von hier brach er am 3. Oktober 1978 zum Konklave nach Rom auf, auf welchem er zum Papst gewählt wurde. Heute erinnern eine Gedenktafel am Gebäude sowie eine Gedächtnisstätte, die in den Zimmern, die er bewohnte, eingerichtet wurde, an den außergewöhnlichen Gast.

Haus der Ursulinen-Schwestern (innen)

Die Atmosphäre ist angenehm ruhig und von schlichter Heimeligkeit geprägt. So wie damals befindet sich auch heute im selben Haus ein Kindergarten. Als ein Junge den Kardinal Wojtyła einmal fragte, ob er ihm die Schuhe zuschnüren könne, war – wie eine Schwester sich erinnert - der zukünftige Nachfolger Petri dazu gerne bereit. In der Kapelle des Klosters verbrachte er viele Stunden ausgestreckt auf dem Boden, nachdem er zum Bischof ernannt worden war.

WIZYTA OJCA ŚWIĘTEGO JANA PAWŁA II

Bibliothek der Universität Warschau – ul. Dobra 56/66

Nur ein paar Fußschritte vom Haus der Ursulinen-Schwestern entfernt, befindet sich der Neubau der Bibliothek der Universität Warschau. Das Gebäude besticht durch seine moderne architektonische Form. Warum die Bibliothek nach Johannes Paul II. benannt wurde, verstand der oft zu Scherzen aufgelegte Pontifex offenbar selbst nicht ganz. Bei der Segnung des Neubaus im Juni 1999 meinte er, dass er von der Krakauer Jagiellonen Universität, der Katholischen Universität Lublin und dem Angelicum in Rom, den Stätten seiner wissenschaftlichen Laufbahn, als eine Art „Findelkind hierher untergejubelt" worden sei. Die Atmosphäre im Lesesaal erinnert eher an eine Fabrik als einen Raum des Denkens und Studierens. Dazu geben viele Shops und Cafés („Coffee Heaven") innerhalb des Neubaus ihren Tribut an den merkantilen Zeitgeist. Für eine Büste von Johannes Paul II., die ihm zum Verwechseln unähnlich ist, bleibt dennoch Platz.

Königsschloss – Plac Zamkowy 4

Entlang der Weichsel kann man zu Fuß zum berühmten Warschauer Königsschloss promenieren. Früher war es die Residenz polnischer Könige und der Sitz des Parlaments (Sejm) des Königreichs Polen. Hier wurde die Verfassung vom 3. Mai 1791 verabschiedet. Gegenwärtig ist es ein Museum, ein Bildungs-, Kultur- und Kunstzentrum, sowie der Ort, an dem wichtige Staatsfeiern stattfinden. Der Papst traf hier zwei Mal die Vertreter der polnischen Regierung: 1987 Wojciech Jaruzelski und 1991 Lech Wałęsa.

St. Anna Kirche – ul. Krakowskie Przedmieście 68

Zurück auf der renovierten Prachtstraße Warschaus, der ul. Krakowskie Przedmieście, befindet sich linkerhand die im hellen Sandsteinton verfasste Kirche St. Anna. Diese Kirche ist eng verknüpft mit dem

Papst und seinem Dialog mit der Jugend. Die St. Anna Kirche ist ein akademisches Seelsorgezentrum in der Hauptstadt. Hier hat sich der Papst während seiner ersten Pilgerfahrt nach Polen mit der Jugend getroffen und sich zum ersten Mal vom vorbereiteten Redetext gelöst. Er sagte damals: „Lass den Heiligen Geist kommen mit der Hilfe unserer Schwäche!" Am Abend seines Todes, am 2. April 2005, wurde die St. Anna Kirche zu dem Ort, an dem sich vornehmlich junge Leute zum Gebet für Johannes Paul II. versammelten. Anlässlich des ersten Todestages wurde am Giebeldreieck der Kirche eine Gedenktafel enthüllt. Oft hängt an den sogenannten „Papst-Tagen" (2. April; 18. Mai; 16. Oktober) ein Poster des Papstes über dem Eingang.

Erzkathedrale St. Johannes des Täufers – ul. Świętojańska 8

Das älteste Gotteshaus in Warschau und eines der wichtigsten Orte der polnischen Kultur. Hier fanden Hochzeiten und Krönungen der polnischen Herrscher sowie die Begräbnisse wichtiger Persönlichkeiten statt. Bis heute finden im kargen gotischen Innenraum des Doms wichtige Staatsfeiern statt. Papst Johannes Paul II. besuchte den Dom viele Male. Am Grab des polnischen Primas Kardinal Stefan Wyszyński betete er. Das Dämmerlicht des Innenraums verleiht dem Bau eine mystische Atmosphäre.

Die Griechisch-katholische Basilianerkirche – ul. Miodowa 16

Ebenfalls in der Warschauer Altstadt befindet sich eine katholische Kirche, in welcher die Liturgie nach dem östlichen Ritus gefeiert wird. Im Jahre 1987 stattete der Papst dieser Kirche einen kurzen und unerwarteten Besuch ab. Spontanität und Improvisation sind polnische Nationaltugenden, von denen sich auch ein polnischer Papst nicht lösen muss. Er küsste eine Ikone, um auf diese Weise seine „große Anerkennung, nicht nur gegenüber dem Basilianerorden, sondern auch

gegenüber der gesamten Griechisch-Katholischen Kirche, die damals zum Schweigen gezwungen wurde, zu erweisen“. Im Juni 1999 schaute Johannes Paul II. noch einmal bei der Miodowa Strasse 16 rein. Diesmal ganz offiziell.

Das Haus der Warschauer Erzbischöfe: ul. Miodowa 17/19

Offiziell, wenn auch nicht steif, denn ein derartiges Attribut war im Leben Karol Wojtyłas undenkbar, ging es in diesem Haus zu. Wichtige Momente seines Lebens spielten sich hier ab: 1958 erfuhr Karol Wojtyła hier von seiner Nominierung zum Bischof. In seiner Erinnerung spielte es sich so ab: „In Warschau meldete ich mich zur festgesetzten Zeit im Bischofshaus in der Miodowa-Straße. (…) Im Arbeitszimmer des Primas vernahm ich dann aus seinem Munde, dass der Heilige Vater mich zum Weihbischof des Erzbischofs von Krakau ernannt hatte. (…) Als ich die Worte hörte, mit denen der Primas mir die Entscheidung des Apostolischen Stuhls verkündete, sagte ich: „Eminenz, ich bin zu jung, kaum 38 Jahre alt.“ Doch der Primas antwortete: „Das ist ein Fehler, den Sie bald überwinden werden. Ich bitte Sie, sich dem Willen des Heiligen Vaters nicht zu widersetzen.“ (Johannes Paul II., *Auf, lasst uns gehen!*, S. 19)

1979 verbrachte er hier die erste Nacht während seiner Pilgerfahrt in die Heimat. In den Jahren 1983 und 1987 hielt Johannes Paul II. in diesem Haus Treffen mit Vertretern der nicht-katholischen christlichen Konfessionen sowie der jüdischen und moslemischen Gemeinschaft ab. 1983 erhielt er in diesem Gebäude die Ehrendoktorwürde der Katholischen Universität Lublin (KUL).

Das Grab von Pfarrer Jerzy Popiełuszko bei der Kirche des Hl. Stanislaus Kostka – ul. Hozjusza 2

Mit der Metro gelangt man in Düsengeschwindigkeit zum Plac Wilsona, einer der modernsten U-Bahn-Haltestellen der Welt. Direkt vom U-Bahn-Ausgang kann man die Kirche des sel. Pfarrers Jerzy Popiełuszko sehen, der im Oktober 1984 ermordet und 2010 seliggesprochen wurde. 1987 besuchte Johannes Paul II. das Grab von „Pfarrer Jerzy“, wie der polnische Nationalheld und Seelsorger der Solidarność damals von seinen Anhängern genannt wurde. Sein Grab, welches sich unter einer massiven Steinplatte befindet, hat nicht nur Johannes Paul II. angezogen, sondern auch viele ausländische Staatschefs und Präsidenten. Es wird geschätzt, dass jährlich 18 Millionen Menschen diese Kirche besuchen.

Umschlagplatz – ul. Stawki 10

Der sogenannte Umschlagplatz ist ein Platz im Warschauer Ghetto, der als Versammlungsort benutzt wurde, von welchem die Nazis die Juden in Vernichtungslager deportierten. Im Jahre 1988 wurde hier ein Denkmal zu Ehren der Ermordeten errichtet. Im Juni 1999 sprach Papst Johannes Paul II. vor dem Denkmal ein ökumenisches Gebet, danach sprach er mit Vertretern der jüdischen Gemeinde in Polen.

Denkmal für die Helden des Ghettoaufstandes – ul. Zamenhofa

Im November 1940 errichteten die Nazis im Zentrum von Warschau ein von hohen Mauern umgebenes Ghetto, in dem 450.000 Juden aus Warschau und Umgebung gefangen gehalten wurden. Im Laufe von drei Jahren starben hier über 100.000 Menschen an Erschöpfung, Hunger und Krankheit. Im April 1943 kam es zum Ghettoaufstand, der von den Nazis nach einem Monat niedergeschlagen wurde. Willy Brandts historischer Kniefall fand hier 1970 statt. Im Juni 1983 machte Johannes Paul II. vor dem Denkmal halt und erwies den Opfern seine Ehre.

Gefängnismuseum „Pawiak" – ul. Dzielna 24/26

Der Pawiak war im Zweiten Weltkrieg ein Untersuchungsgefängnis, in dem Personen untergebracht wurden, die die Nazis bei Razzien festgenommen hatten. Einer der Gefangenen war der Franziskanerpater Maximilian Kolbe. 37.000 Gefangene des Pawiaks wurden erschossen, 60.000 wurden von hier in Konzentrationslager und zur Zwangsarbeit geschickt. Gegenwärtig befindet sich in dem Gebäude ein Museum. Als Johannes Paul II. hier im Juni 1983 haltmachte, erwies er nicht nur den Ermordeten seine Ehrerbietung, er zitierte auch einen Bibelvers, der zum Motto für das Wirken des sel. Pfarrers Jerzy Popiełuszko wurde: „Lass Dich nicht vom Bösen besiegen, sondern besiege das Böse mit dem Guten."

Die evangelisch-augsburgische Kirche zur Hl. Dreifaltigkeit – ul. Kredytowa 4

Im Juni 1991 traf sich Johannes Paul II. hier mit den Vertretern der zum polnischen Ökumene-Rat gehörenden Kirchen und nahm am Gottesdienst teil. Der Papst stellte damals fest, dass in den Beziehungen zwischen den Konfessionen die Liebe unentbehrlich sei, genauso wie der Wunsch nach Verständnis und Zusammenarbeit.

Allerheiligenkirche – Plac Grzybowski 3/5 (Grzybowski Platz)

In unmittelbarer Nähe der verkehrsreichen, nach Johannes Paul II. benannten Hauptstraße ul. Jana Pawła befindet sich die größte Kirche der Hauptstadt – die Allerheiligenkirche, die 3.500 Personen Platz bietet. 1987 leitete Johannes Paul II. den in dieser Kirche stattfindenden Eucharistischen Kongress, an dem auch Mutter Teresa teilnahm. Vor der Kirche steht ein Denkmal des Papstes, das an diesen Tag erinnert.

Plac Defilad (Paradeplatz)

Von der Allerheiligenkirche ist es nicht weit zum Paradeplatz, auf dem sich das unbeliebte Wahrzeichen Warschaus befindet: Der Kulturpalast, ein Geschenk Stalins an das polnische Volk, welches darauf gerne verzichtet hätte. Auf dem Platz fanden viele sozialistische Paraden und Aufmärsche statt, aber 1987 zum Abschluss des Eucharistischen Kongresses auch eine Messe – gelesen von Johannes Paul II.

Stadion Dziesięciolecia (Stadion des Jahrzehnts)

Das für Sportfans interessanteste Gebäude Warschaus war zweifellos das Stadion des Jahrzehnts, welches sich auf dem anderen Ufer der Weichsel befand. Ursprünglich als sozialistisches Repräsentationsobjekt entworfen, hatte es seinen Höhepunkt im Jahre 1983, als Papst Johannes Paul II. dort für 1, 5 Millionen Gläubige die Messe las. Aufgrund baulicher Fehler entwickelte sich das Stadion danach in eine etwas andere Richtung. Es wurde zu einem beliebten Schwarzmarkt (Kleidung, Zigaretten, CDs etc.). Heute wird dort extra für die Fußballeuropameisterschaft 2012 das neue Nationalstadion gebaut. Eine moderne Sportarena, die - wenn der Segen des Papstes noch wirkt - bis 2012 fertig ist.

Herz-Jesu Basilika – ul. Kawęczyńska 53

Dieser mächtige Sakralbau wurde Anfang des 20. Jahrhunderts gebaut und befindet sich wie das Stadion des Jahrzehnts im Stadtteil Praga, der noch jede Menge alte Bausubstanz, leider aber auch viel kriminelle Substanz aufweist. Der Bau besitzt eine frappierende Ähnlichkeit mit einer frühchristlichen Basilika. Im Juni 1991 eröffnete der Heilige Vater in der Basilika die Tagung des zweiten Plenar-Konzils der Kirche in Polen. Das Konzil hatte nicht nur das Thema „Evangelisation und Gesellschaft", sondern beschäftigte sich auch mit der Rolle der Laien in der Kirche.

Sejm – ul. Wiejska 2/4/6

Wieder zurück auf dem anderen Ufer der Weichsel im gediegenen Viertel Śródmieście (Stadtmitte) befindet sich auch der Sejm, das polnische Parlament. 1999 traf der Papst im Sitzungssaal die Abgeordneten, die ihm anhaltende Ovationen entgegenbrachten. Der Sejm-Marschall begrüßte den Gast mit den Worten: „Wir heißen Euch willkommen, nicht nur als den Nachfolger Petri, den Statthalter Christi, (…), das Oberhaupt des Vatikans, sondern auch als die Person, die uns zu einem Leben in Freiheit und Wahrheit aufgerufen hat.“ Eine kleine Reminiszenz an die erste Papstreise nach Polen. Der Papst mahnte, bei allen Gesetzen immer den Mensch und sein Wohl im Blickpunkt zu haben.

Apostolische Nuntiatur – Al. Szucha 12

Zu Fuß kann man bei schönem Wetter die Allee Ujazdowskie entlanglaufen und die Schönheit des Łazienkowski Parkes bestaunen, aus dem oft Klaviermusik herüberschallt. Gegenüber befindet sich auf der Szucha-Allee die Apostolische Nuntiatur, die der Papst 1991 und 1999 besuchte.

Belweder (Belvedere) – Park Łazienkowski (Łazienkowski Park)

Im Park selbst befindet sich das Belvedere. Ein Palast, der eine Zeit lang als Sitz der Staatsorgane diente. So residierte hier u.a. der ehemalige Elektriker und erste frei gewählte Präsident Polens, der Nobelpreisträger Lech Wałęsa. Der Heilige Vater hat dem Belvedere drei Mal einen Besuch abgestattet: 1979, 1983 und 1991. 1991 durfte er die Kapelle von Lech Wałęsa einweihen. Wer nicht in die Kapelle kommt, setzt sich am besten einfach in den Park und liest etwas aus den zahlreichen Schriften, welche Johannes Paul II. hinterlassen hat. Die Gedichte, Theaterstücke, Enzykliken, Predigten oder die philosophischen Schriften, sobald sie in deutscher Übersetzung vorliegen.

Nachwort

Über zwanzig Jahre pilgerte das Gnadenbild der Schwarzen Madonna seit den 1950er Jahren in einer getreuen Nachbildung durch Polen. Auf Initiative des damaligen Kardinalprimas Stefan Wyszyński. Die „Pilgerreise des Bildes“ (Karol Wojtyła, Zeichen des Widerspruchs, S. 51) führte von einem Bistum zum anderen, von einer Pfarrei zur anderen und manchmal auch innerhalb derselben Pfarrei von einer Kapelle zur nächsten.
Seit den 1980er Jahren wandert auf Initiative von Papst Johannes Paul II. das Weltjugendtagkreuz durch die Welt. Durch jedes Land, das den internationalen Weltjugendtag ausrichtet. Viele Kilometer – via Flugzeug, via Transporter oder getragen von Pilgern. Doch was bedeuten all diese Kilometerzahlen, die das pilgernde Bild und das Weltjugendtagkreuz im Laufe der Jahrzehnte zurückgelegt haben, im Vergleich zu den Reisekilometern von Papst Johannes Paul II. Bei 104 Auslandsreisen in 129 Länder legte der „Eilige Vater“ während seines Pontifikats ungefähr 1,25 Millionen Kilometer zurück.

In Polen selbst war er nicht minder mobil. Vor der Papstwahl und auch danach. Wer also noch weiter, noch mehr auf den Spuren von Karol Wojtyła, Johannes Paul II. in Polen gehen möchte, ist dazu herzlich eingeladen.
Wie wäre es zum Beispiel mit einem Abstecher an die Masurischen Seen nach Olsztyn (Allenstein) und zum Fluß Lyna? Dort war 1958 Karol Wojtyła mit einer Gruppe begeisterter Paddelboot-Fahrer unterwegs, als ihn die Ernennung zum Bischof kurzfristig zu einer Urlaubsunterbrechung zwang. Oder: Wie wäre es mit einer Wanderung durch die Tatra? Wo Karol Wojtyła oft mit Freunden gewandert ist, um seine Kräfte zu stärken. Wie natürlich auch das Schifahren im Winter in Zakopane der inneren und äußeren Regeneration diente. Damals, als Karol Wojtyła Kardinal in Krakau war, wusste zumindest in Krakaus Kirche jeder: Wer Wojtyłas Gunst erlangen wollte, musste zwei Dinge beherrschen: Skifahren und Deutschsprechen.

Wer weniger Sport, dafür aber geistliche Exerzitien auf den Spuren von Johannes Paul II. in Polen machen möchte, findet dazu im Buch „Auf, lasst uns gehen!“ eine komprimierte Übersicht vom Papst selbst:

„Die Ursulinen hatten in Krakau ein Pensionat. Mutter Angela Kurpisz lud mich immer ein für die Exerzitien der Studentinnen. Oft besuchte ich auch die grauen Ursulinen in Jaszczurówka (Zakopane). Jedes Jahr genoss ich ihre Gastfreundschaft. (…) Häufig ging ich zu den Albertinen-Schwestern in Prądnik Czerwony, auch für die Einkehrtage. Bei ihnen fühlte ich mich sehr wohl. Ich besuchte auch Rzeska in der Nähe von Krakau. Mit den Kleinen Schwestern von Charles de Foucauld war ich befreundet; (…) Viel Zeit verbrachte ich in der Benediktiner-Abtei von Tyniec. Dort machte ich meine geistlichen Exerzitien. (…) Nach Tyniec und auch zu den Kamaldolenser-Patres in Bielany ging ich für die Einkehrtage." (Johannes Paul II., Auf, lasst uns gehen!, S. 129f.)

Selbstverständlich hat Papst Johannes Paul II. bei seinen neun Reisen nach Polen nicht nur die hier geschilderten Orte besucht. In praktisch jeder größeren Stadt Polens ist er gewesen.
So etwa in Breslau (Wrocław), wo er sich am 1. Juni 1997 anlässlich des Eucharistischen Weltkongress aufhielt. In Posen (Poznań), wo er am 20. Juni 1983 Ursula Julia Maria Ledóchowska seligsprach. Oder in Danzig (Gdańsk), wo er auf der Westerplatte, dem ersten Angriffspunkt der Nazis, die polnische Jugend an ihre Pflicht erinnerte, ein moralisches Ziel im Leben zu haben und dieses, wenn nötig, mit allen Mitteln zu verteidigen. „Im Leben jedes Menschen gibt es eine ganz persönliche Westerplatte."

Doch bei all diesen Spuren darf man nicht vergessen, dass es Johannes Paul II. bei jedem Besuch auch darauf ankam, etwas vom offiziellen Programm abzuweichen, um Raum und Zeit für spontane Treffen mit der normalen Bevölkerung zu haben.
Wer auf seinen Spuren in Polen wandelt, sollte dies nicht vergessen und offen sein für ungeplante Entdeckungen und Ereignisse, Betrachtungen und Begegnungen. Denn, wie Johannes Paul II. es selbst zu seinen polnischen Landsleute sagte: „Diese Erde ist meine Mutter! Ihr alle seid meine Brüder und Schwestern!".

Dieser Aspekt scheint besonders wichtig angesichts der Omnipräsenz des Papstes durch Bildnisse und Statuen aller Art an nahezu allen kirchlichen Orten seiner Heimat. Es wäre falsch, Johannes Paul II.

als lebensfernes Idol zu betrachten, dass man vor lauter Glorifizierung nicht nur in den Himmel, sondern auch aus dem Alltag, der Wirklichkeit enthebt. Wer sich mit der Lehre des Papstes vertraut macht und ganz besonders mit seinem Menschenbild, das auf der Würde der Person fußt, wird schnell erkennen, dass dem polnischen Papst weltfremde Idolisierung oder katholische Ideologisierung fernlag.

Näher kommt man ihm wahrscheinlich, wenn man ihn unterwegs auf seinen Spuren und im Geiste so anspricht, wie es auf seinen Wunsch hin viele Jugendliche und die jungen Familien taten, mit denen er in der Umgebung von Krakau und in Zakopane die Urlaubszeit verbrachte. „Nennt mich einfach Onkelchen (poln. Wujek)", sagte er diesen, um alle Verkrampfung zu lösen. Damit ist zweifellos kein immer nur netter, immer nur lächelnder und Kremówki essender Onkel gemeint, aber eben doch einer, der es bei aller Disziplin und Verantwortung vor Gott gut meint mit dem Menschen. Denn, wie Johannes Paul II. in seiner ersten Enzyklika selbst schrieb: „Der Weg der Kirche ist der Mensch." Dieser Weg geht weiter. Auf diesem Weg ist und bleibt Johannes Paul II. ein großer Helfer.

Literaturnachweis

George Weigel: Witness to Hope. The Biography of Pope John Paul II. New York 1999.

Jan Roß: Der Papst Johannes Paul II. Drama und Geheimnis. Berlin 2000.

Johannes Paul II.: Geschenk und Geheimnis. Zum 50. Jahr meiner Priesterweihe. Graz 1997.

Johannes Paul II.: Auf, lasst uns gehen! Erinnerungen und Gedanken. Augsburg 2004.

Johannes Paul II.: Die Schwelle der Hoffnung überschreiten. Hamburg 1994.

Johannes Paul II.: Erinnerung und Identität. Gespräche an der Schwelle zwischen den Jahrtausenden. Augsburg 2005.

Karol Wojtyla: Zeichen des Widerspruchs. Besinnung auf Christus. Zürich/Freiburg 1979.

Die Ansprachen und Predigten des Papstes findet man auf der Internet-Homepage des Vatikans: www.vatican.va

Zum Autor

Dr. Stefan Meetschen, geboren 1969 in Duisburg, aufgewachsen in Wesel am Niederrhein. Diplom der Gesellschafts- und Wirtschaftskommunikation an der Universität der Künste Berlin. Promotion im Fachbereich Film und Medien an der Hochschule für Sozialpsychologie in Warschau. War bereits während des Studiums als Journalist tätig und schrieb Hörspiele für verschiedene Radiosender. Er lebt heute als Schriftsteller und freier Journalist in seinem Haus bei Warschau und verfasst regelmäßig Artikel und Aufsätze für Zeitungen und Fachzeitschriften in Deutschland und Polen. Romane: „Requiem für einen Freund“ (2004), „Guten Tag“ (2009). Im Fe-Medienverlag erschien zuletzt von ihm "Europa ohne Christus".